Responsable éditoriale : Caroline Bingham
Responsable artistique : Mike Buckley
Assistants graphistes : Anna Benckert,
Ivan Finnegan, Karen Lieberman
Direction artistique : Jane Horne
Recherche iconographique : Ingrid Nilsson
Photographies (à leurs risques et périls) :
Frank Greenaway, Kim Taylor

©1997 Éditions Hurtubise HMH ltée,
Montréal pour la traduction en langue française

Dépôt légal : B.N. Québec, 1er trimestre 1997
B.N. Canada, 1er trimestre 1997

Distribution au Canada
Éditions Hurtubise HMH ltée
7360, boulevard Newman
Ville LaSalle (Québec)
Canada H8N 1X2
Tél. : (514) 364-0323

Copyright © 1996 Dorling Kindersley
Limited, Londres
Titre original : The Really Wicked Droning Wasp
and Other Things that Bite and Sting

Composition : Mégatexte, Montréal
Reproduction couleur : Colourscan
Imprimé en Italie par L.E.G.O.
Remerciements additionnels
pour les crédits photographiques :
Bruce Coleman/Dr Frieder Sauer 11bd/Jan Taylor
12bg/Kim Taylor 8hd, 9bd, 10hd, 10/11bc ;
NHPA/Anthony Bannister 4bg, 20hd ; Stephen
Dalton 20b/Rod Planck 21hd ; Oxford Scientific
Films/London Scientific Films 13bd/Harold Taylor
12hd, cd, bd ; Premaphotos/
R.A. Preston-Mafham 10bg 20c
(h=haut, b=bas. c=centre, g=gauche, d=droite)

Données de catalogage avant publication (Canada)

Theresa Greenaway, 1947-

La très horrible guêpe qui bourdonne

(Bibites et compagnie)

Traduction de : The Really Wicked Droning
Wasp and Other Things that Bite and Sting

ISBN 2-89428-179-X

1. Insectes - Ouvrages pour la jeunesse. 2.
Chauves-souris - Ouvrages pour la jeunesse.
3. Serpents - ouvrages pour la jeunesse
I. Titre. II. Collection: Greenaway,
Theresa, 1947-   . Bibites et compagnie.

QL434.15.G7414 1997 j595.7 C96-941342-4

Horreurs à poils
Page 14

Du bout de la queue
Page 18

Du sang dans la trompe
Page 20

LA TRÈS HORRIBLE GUÊPE QUI BOURDONNE

ET AUTRES BESTIOLES QUI PIQUENT ET QUI MORDENT

THERESA GREENAWAY

Traduction Claudine Vivier

UNE HISTOIRE PIQUANTE

Les guêpes sont des insectes exaspérants, surtout lors des dernières chaleurs de l'été. Mais elles ont aussi de bons côtés. Pour nourrir leurs larves, elles capturent chaque jour quantité d'insectes, dont beaucoup sont nuisibles.

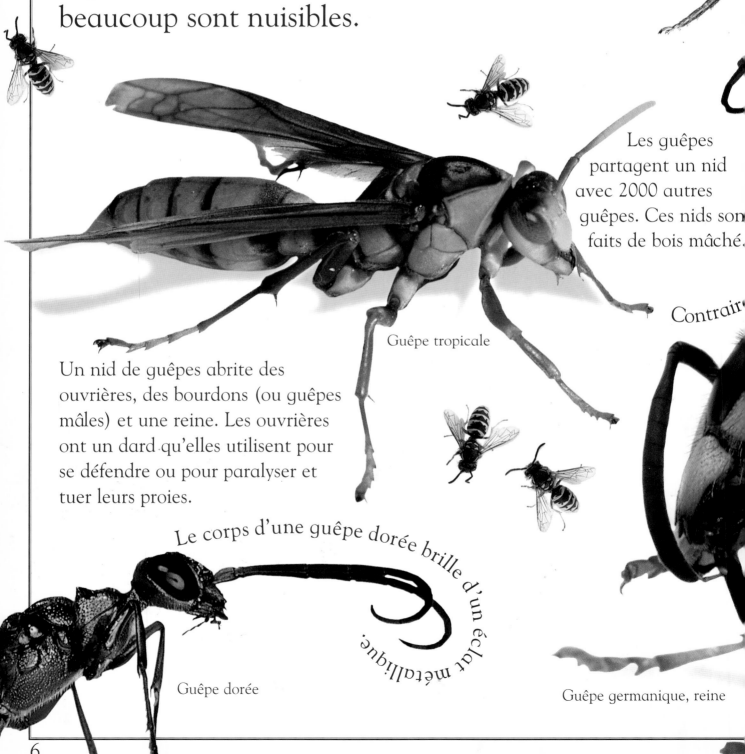

Les guêpes partagent un nid avec 2000 autres guêpes. Ces nids son faits de bois mâché.

Contrair

Guêpe tropicale

Un nid de guêpes abrite des ouvrières, des bourdons (ou guêpes mâles) et une reine. Les ouvrières ont un dard qu'elles utilisent pour se défendre ou pour paralyser et tuer leurs proies.

Le corps d'une guêpe dorée brille d'un éclat métallique.

Guêpe dorée

Guêpe germanique, reine

mon

Les ichneumons déposent leurs œufs à l'intérieur d'autres insectes. Les larves se nourrissent de leur hôte avant de grignoter une issue pour sortir.

La guêpe dorée s'empare d'un criquet et le paralyse en le piquant au cœur de ses centres nerveux.

Guêpes

Guêpe dorée

La guêpe dorée traîne parfois sa proie dans un trou et y pond un œuf. Bon appétit mon petit !

abeilles, les guêpes ont un dard tout droit et peuvent piquer tant qu'elles veulent.

Seule la reine pond des œufs. Elle prépare un nid et nourrit ses premières larves qui, une fois adultes, prendront le relais et nourriront les nouvelles larves.

À ÉVITER !

Une taille impressionnante, un vrombissement terrible : les frelons terrorisent tout le monde. Mais ne vous inquiétez pas ; ces insectes vivent et chassent en forêt, pas dans les maisons !

Frelon en vol

Le frelon est le plus gros insecte qui pique au monde.

Frelon

Attention ! Le dard est à l'extrémité de l'abdomen.

Les frelons utilisent leurs yeux composés et leurs antennes sensibles pour chasser les insectes. Les proies sont ramenées au nid et prémâchées pour les larves.

Un frelon ne craint ni les abeilles ni les guêpes. Il peut les couper en deux d'un seul coup de ses puissantes mandibules en cisailles.

Frelon posé sur un gland de chêne.

La piqûre du frelon provoque une enflure très douloureuse. Heureusement, il ne vous piquera que s'il se sent menacé.

Tous les frelons ne piquent pas. Malgré ses airs féroces, ce mâle ou bourdon ne possède pas de dard.

Les ouvrières peuvent mesurer jusqu'à 33 mm de long !

Frelon mâle

ÇA BOURDONNE !

Les abeilles sont utiles. Elles pollinisent les fleurs et un grand nombre donnent du miel. Mais attention, elles peuvent piquer. Et elles font mal !

Abeille ouvrière

Les abeille font du mi abeilles melli viver colonies (ju 50 000 abei

En piquant, l'abeille vous injecte dans la peau un cocktail de substances chimiques qu'elle tire de son sac à venin.

Abeille femelle

Les abeilles ne vivent pas toutes en colonie. Parfois, elles so solitaires: chaque femel construit son propre nid

Le bourdon bat des ailes à un rythme de 200 pulsations par seconde !

10

...ble si lourd, mais il...

Ce bourdon des mousses, tout velu, butine le nectar des fleurs pour nourrir ses larves.

Bourdon des mousses

Le dard de l'abeille mellifère est pourvu de barbes. Une fois planté, impossible de le retirer. En s'envolant, l'abeille arrache une partie de ses entrailles et en meurt.

Abeille en train de piquer.

Abeille mellifère en vol

L'abeille qui pique est vouée à une mort certaine.

Les deux paires d'ailes des abeilles produisent un bourdonnement bien reconnaissable.

ACCROCHE-TOI !

Toutes sortes de parasites vivent sur les animaux et même sur nous. Ils sucent le sang de leur hôte et s'arrangent pour rester sur lui le plus longtemps possible.

Ricin (tique)

Puce

Les tiques prennent trois repas dans leur vie. Chaque fois, ils grimpent sur une herbe haute et se laissent tomber sur un animal qui passe.

Ricin (t

Grâce à son corps aplati, la puce peut courir dans la fourrure de son hôte.

Les tiques sont apparentés aux araignées. Les adultes ont huit pattes.

Tique kangourou

Le tique s'amarre dans la peau de son hôte avec une sorte d'aiguillon cranté appelé hypostome.

Il faut plusieurs jours pour qu'un tique soit repu. Une fois rempli de sang, il ressemble à un petit pois.

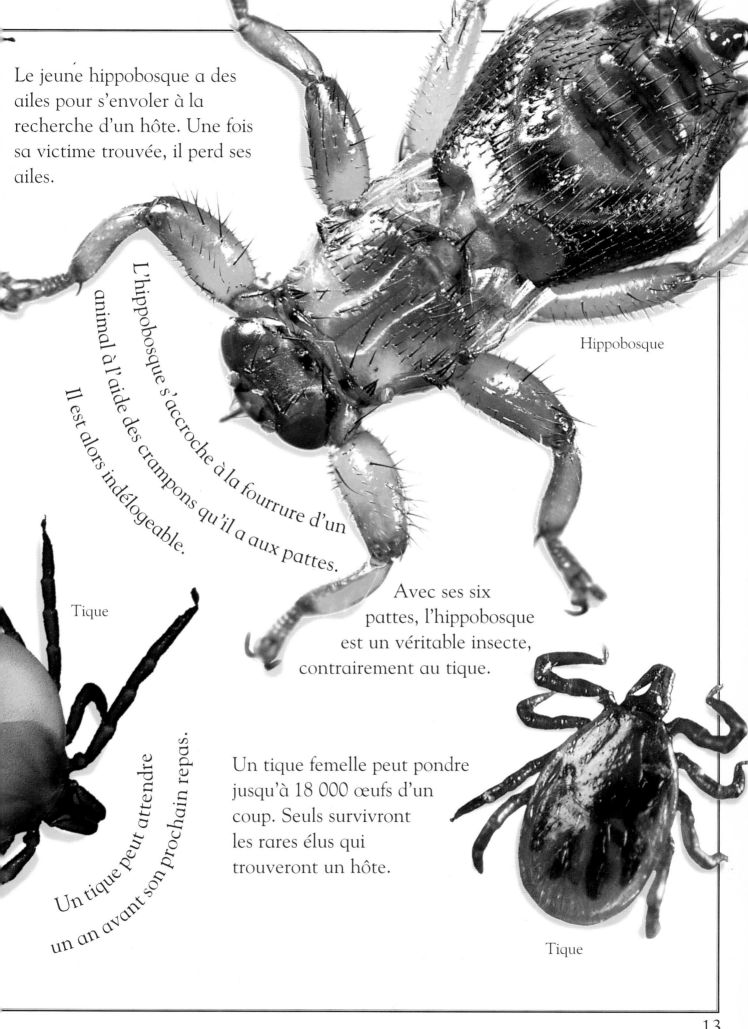

Le jeune hippobosque a des ailes pour s'envoler à la recherche d'un hôte. Une fois sa victime trouvée, il perd ses ailes.

L'hippobosque s'accroche à la fourrure d'un animal à l'aide des crampons qu'il a aux pattes. Il est alors indélogeable.

Hippobosque

Tique

Avec ses six pattes, l'hippobosque est un véritable insecte, contrairement au tique.

Un tique peut attendre un an avant son prochain repas.

Un tique femelle peut pondre jusqu'à 18 000 œufs d'un coup. Seuls survivront les rares élus qui trouveront un hôte.

Tique

HORREURS À POILS

Comment s'y prend une appétissante chenille pour ne pas finir dans l'estomac d'un autre animal ? En fait, les poils peuvent être d'excellentes protections.

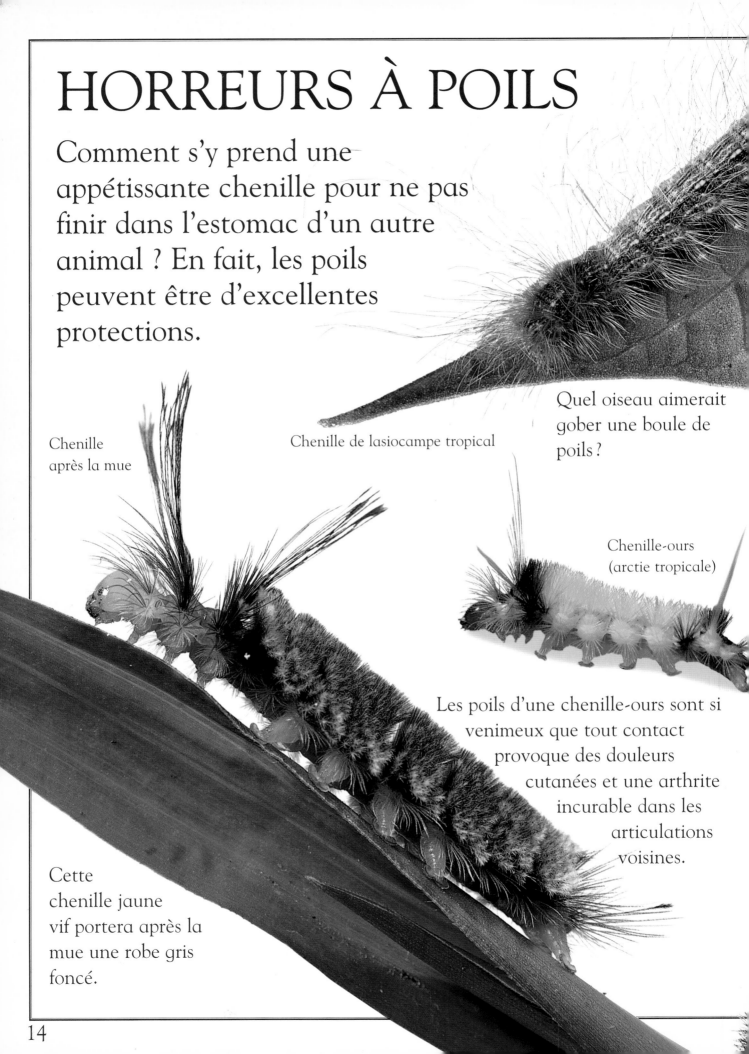

Chenille de lasiocampe tropical

Chenille après la mue

Quel oiseau aimerait gober une boule de poils ?

Chenille-ours (arctie tropicale)

Les poils d'une chenille-ours sont si venimeux que tout contact provoque des douleurs cutanées et une arthrite incurable dans les articulations voisines.

Cette chenille jaune vif portera après la mue une robe gris foncé.

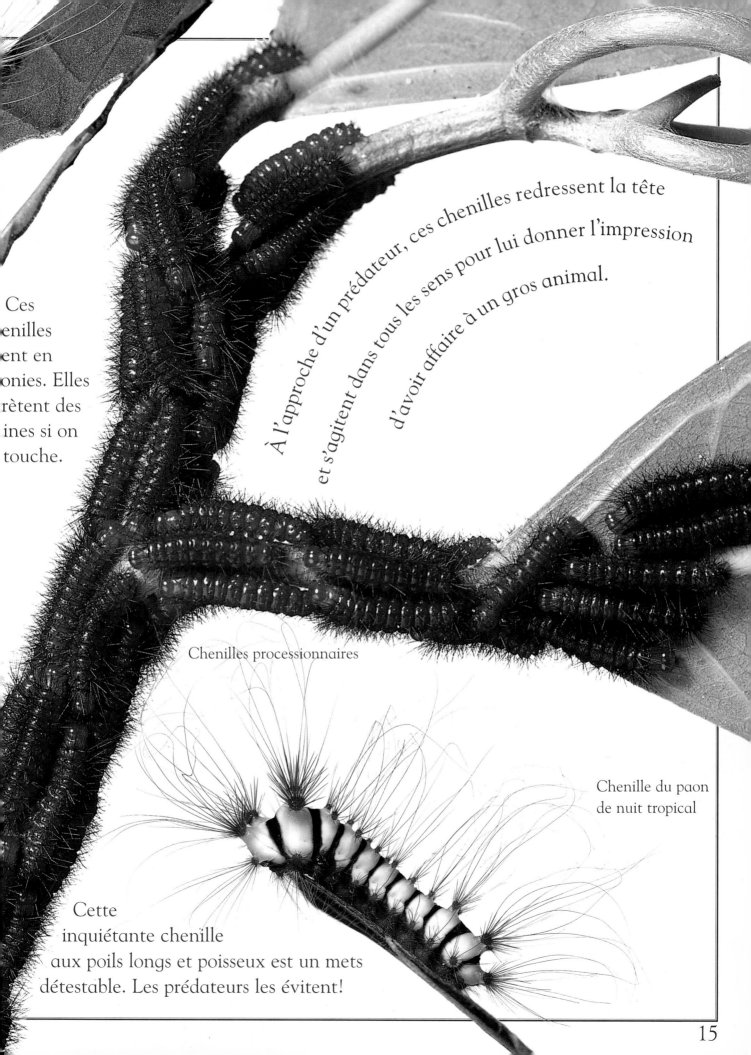

Ces
henilles
ent en
onies. Elles
rètent des
ines si on
touche.

À l'approche d'un prédateur, ces chenilles redressent la tête
et s'agitent dans tous les sens pour lui donner l'impression
d'avoir affaire à un gros animal.

Chenilles processionnaires

Chenille du paon
de nuit tropical

Cette
inquiétante chenille
aux poils longs et poisseux est un mets
détestable. Les prédateurs les évitent!

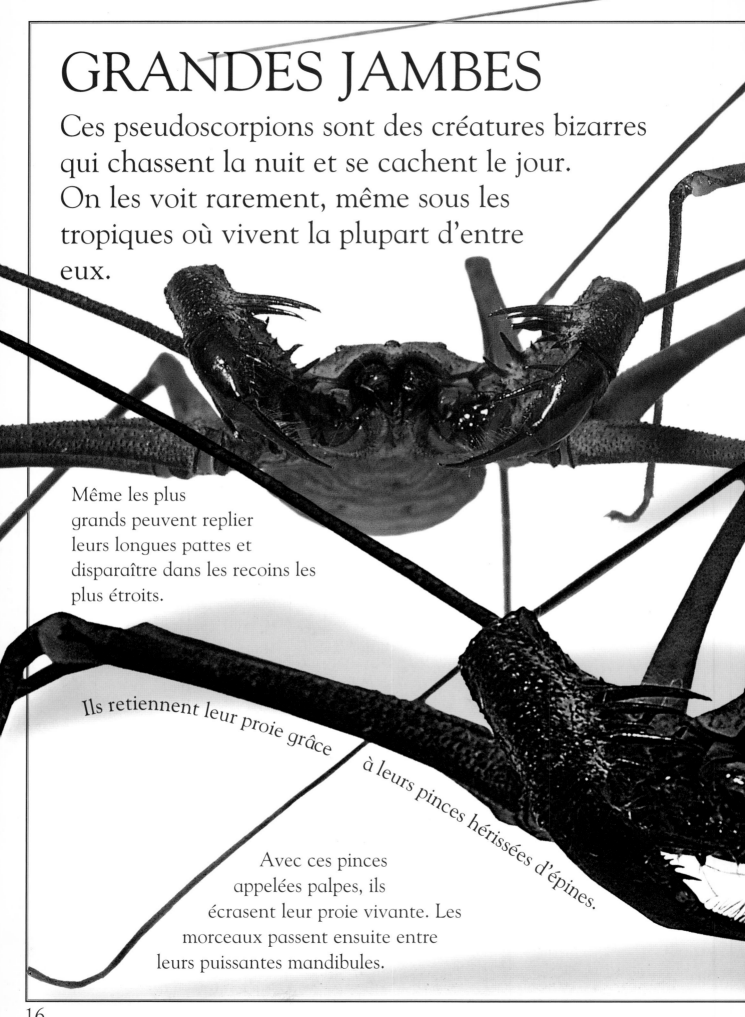

GRANDES JAMBES

Ces pseudoscorpions sont des créatures bizarres qui chassent la nuit et se cachent le jour. On les voit rarement, même sous les tropiques où vivent la plupart d'entre eux.

Même les plus grands peuvent replier leurs longues pattes et disparaître dans les recoins les plus étroits.

Ils retiennent leur proie grâce à leurs pinces hérissées d'épines.

Avec ces pinces appelées palpes, ils écrasent leur proie vivante. Les morceaux passent ensuite entre leurs puissantes mandibules.

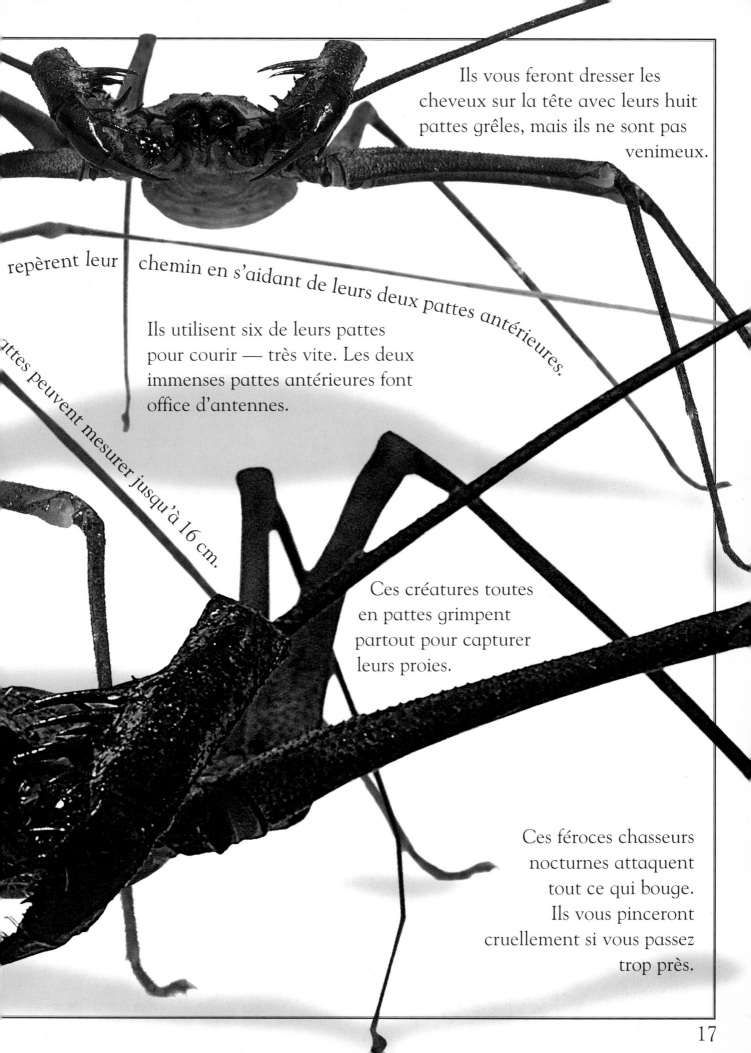

Ils vous feront dresser les cheveux sur la tête avec leurs huit pattes grêles, mais ils ne sont pas venimeux.

repèrent leur chemin en s'aidant de leurs deux pattes antérieures.

Ils utilisent six de leurs pattes pour courir — très vite. Les deux immenses pattes antérieures font office d'antennes.

...attes peuvent mesurer jusqu'à 16 cm.

Ces créatures toutes en pattes grimpent partout pour capturer leurs proies.

Ces féroces chasseurs nocturnes attaquent tout ce qui bouge. Ils vous pinceront cruellement si vous passez trop près.

17

DU BOUT DE LA QUEUE

Quel amateur de film d'épouvante n'a pas frémi à l'apparition d'un grand scorpion ! Morsure fatale ? En fait, les petits scorpions sont souvent les plus terribles. Seulement 50 des 1200 espèces de scorpions peuvent être dangereuses pour l'être humain.

Malgré les apparences, le scorpion a une mauvaise vue. Il ne distingue que le jour de la nuit.

Scorpion impérial

De ses pinces, il s'empare d'un criquet ou d'un scolopendre bien juteux pour le dépecer.

Les scorpions o pattes pour cou une imposante p de pinces qu'ils utilisent pour agri leur proie.

...enin du scorpion africain peut vous tuer en sept heures. Le dard est situé à l'extrémité de la queue.

Scorpion du désert

...scorpion peut survivre
...s eau pendant trois
...is et jeûner pendant
... mois !

Scorpion transportant
ses petits.

Le scorpion donne naissance à de nombreux
petits qui restent sur le dos de leur mère
pendant deux semaines.

DU SANG DANS LA TROMPE

Seuls les taons femelles sont assoiffés de sang. Les éléments nutritifs du sang leur permettent de fabriquer leurs œufs. Les mâles, eux, préfèrent butiner le nectar des fleurs.

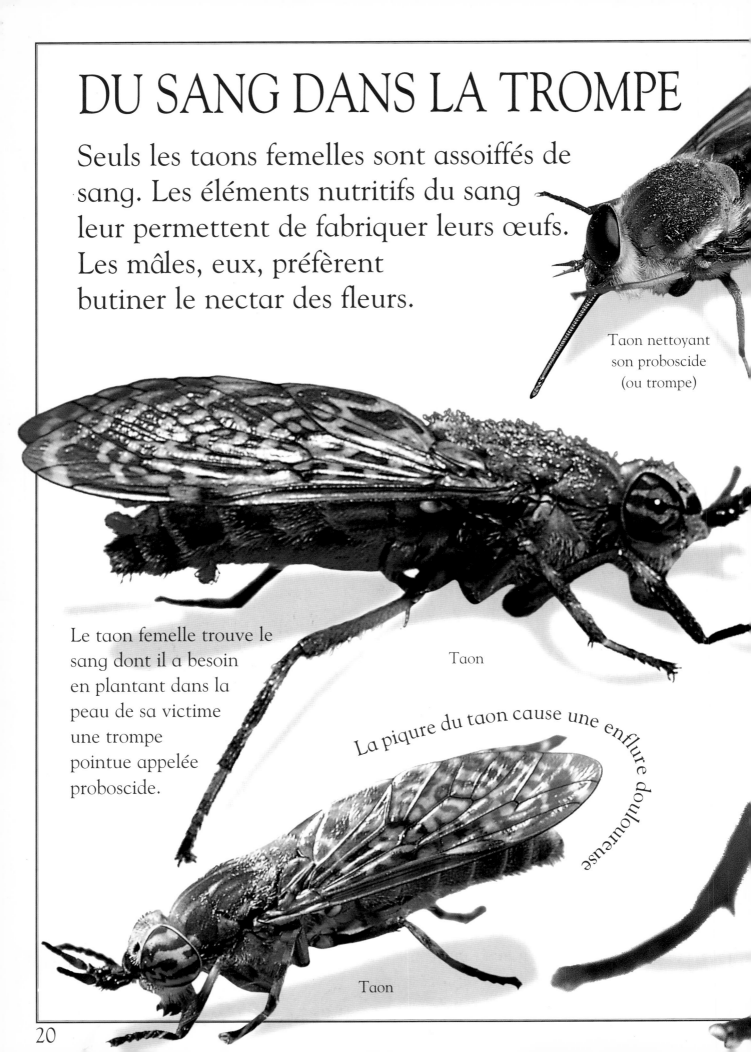

Taon nettoyant son proboscide (ou trompe)

Le taon femelle trouve le sang dont il a besoin en plantant dans la peau de sa victime une trompe pointue appelée proboscide.

Taon

La piqure du taon cause une enflure douloureuse

Taon

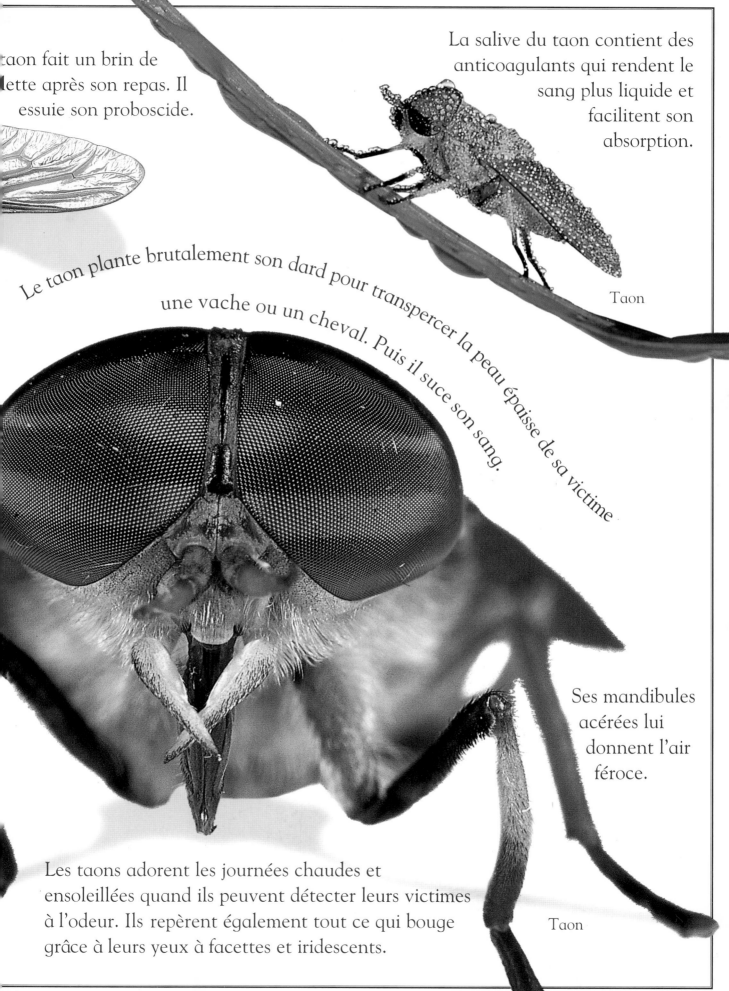

…aon fait un brin de …lette après son repas. Il essuie son proboscide.

La salive du taon contient des anticoagulants qui rendent le sang plus liquide et facilitent son absorption.

Taon

Le taon plante brutalement son dard pour transpercer la peau épaisse de sa victime une vache ou un cheval. Puis il suce son sang.

Ses mandibules acérées lui donnent l'air féroce.

Les taons adorent les journées chaudes et ensoleillées quand ils peuvent détecter leurs victimes à l'odeur. Ils repèrent également tout ce qui bouge grâce à leurs yeux à facettes et iridescents.

Taon

21